8°F
1500

AF249274

LE
1ᵉʳ OCTOBRE 1879

APERÇU

DE

L'ORGANISATION JUDICIAIRE, DE LA PROCÉDURE CIVILE ET DE LA LOI SUR LES FAILLITES, MIS EN RAPPORT AVEC LES DISPOSITIONS ANALOGUES DES LOIS FRANÇAISES.

PAR

Dr. MAX PEUSQUENS.

Traduit de l'Allemand avec autorisation de l'auteur.

METZ 1879
LIBRAIRIE GEORG LANG.

C. KLINCKSIECK
LIBRAIRE DE L'INSTITUT DE FRANCE.
11, RUE DE LILLE, PARIS.

LE
1ᵉʳ OCTOBRE 1879

APERÇU

DE

L'ORGANISATION JUDICIAIRE, DE LA PROCÉDURE CIVILE ET DE LA LOI SUR LES FAILLITES, MIS EN RAPPORT AVEC LES DISPOSITIONS ANALOGUES DES LOIS FRANÇAISES.

PAR

Dr. MAX PEUSQUENS.

Traduit de l'Allemand avec autorisation de l'auteur.

METZ 1879
LIBRAIRIE GEORG LANG.

V. DE LA FAILLITE.

§§ 53—58.

I.

ORGANISATION ET COMPETENCE DES TRIBUNAUX.

§ 1.

Les lois nouvelles de l'Empire établissent quatre juridictions ordinaires pour connaître des affaires civiles, savoir :

1, les tribunaux cantonaux *(Amtsgerichte)* ;

2, les tribunaux régionaux *(Landgerichte)* ;

3, les tribunaux régionaux supérieurs *(Oberlandesgerichte)* ;

4, la cour suprême de l'Empire *(Reichsgericht)*.

Comme juridictions spéciales seront maintenues:

Les tribunaux créés en vertu de traités internationaux pour juger les contestations concernant la navigation du Rhin et les péages de l'Elbe, les tribunaux communaux et les conseils des prud'hommes.

1. DES TRIBUNAUX CANTONAUX.

§ 2.

Ces tribunaux remplacent pour les territoires soumis au droit français les justices de paix, en ôtant cependant pourvus d'une compétence beaucoup plus étendue. La juridiction y est exercée par un seul juge de sorte que même dans les villes où plusieurs juges fonctionnent au même tribunal, ce qui aura lieu assez souvent, tout juge expédie les affaires dont il est chargé, comme juge unique, c'est-à-dire sans le concours de ses collègues.

§ 3.

Les tribunaux cantonaux connaissent de toute réclamation dont l'objet n'excède pas la somme de 300 Mark en argent ou en valeur équivalente. Jusqu'à cette valeur ils prononcent également sur les affaires de commerce. En outre sont de leur compétence certaines contestations sans égard à la valeur de l'objet du procès, dont nous citons notamment toutes les contestations entre propriétaires et locataires relatives à la délivrance, à la jouissance et à l'évacuation des appartements et autres lieux, ainsi qu'au droit de rétention sur les objets mobiliers, dont le locataire a garni les lieux loués.

C'est que ces sortes d'affaires réclament des décisions promptes que le législateur les a attribuées aux tribunaux cantonaux dont la procédure est assez simple et expéditive.

De plus les tribunaux cantonaux connaîtront des contestations relatives aux engagements respectifs des domestiques ou ouvriers et des maîtres; des contestations entre les voyageurs et les aubergistes, les voituriers ou bateliers; enfin en matière d'expropriation

forcée et de contrainte, d'interdiction, de distribution,
et de faillite Quant aux actions possessoires elles
n'appartiendront plus exclusivement aux tribunaux cantonaux comme aux justices de paix suivant la legisla-
tion française; ils n'en connaissent que dans le cas
où la valeur de l'objet dont la possession est con-
testée n'excède pas 300 Mark.

<h2 style="text-align:center">§ 4.</h2>

Devant les tribunaux cantonaux le ministère d'a-
voué n'est pas de rigueur, c'est-à-dire les parties ne
sont pas obligées de se servir d'un avoué; elles peuvent
plaider leur propre cause elles-mêmes ou la faire plaider par un mandataire de leur choix. Cependant la
disposition de la loi portant que dans toutes les contestations encore celles qui sont de la compétence
des tribunaux cantonaux la partie qui succombe remboursera les honoraires et déboursés de l'avoué de la
partie qui obtient gain de cause ne s'applique pas
aux honoraires d'un mandataire qui ne serait pas
homme de droit. Par suite de cette disposition les
parties auront recours au ministère d'avoué plus souvent qu'auparavant notamment quand il s'agira d'affaires compliquées dont la solution suppose une connaissance du droit plus approfondie.

Cette circonstance de même que l'extension de la
compétence des tribunaux cantonaux détermineront une
partie des avoués d'occuper principalement dans les
affaires soumises aux dits tribunaux et il n'est pas
douteux que de ce fait et du pouvoir accordé aux

tribunaux de refuser, sans motif particulier, d'admettre les fondés de pouvoir et conseils qui, sans être avoués feraient leur état de plaider devant les tribunaux, aura pour effet de restreindre considérablement le nombre des soit-disant « avocats-marrons ».

§ 5.

Les tribunaux cantonaux ne jugent qu'en premier et jamais en dernier ressort les contestations qui sont de leur compétence. L'appel peut être interjeté contre tout jugement définitif des dits tribunaux sans égard à la valeur et l'objet du procès. Le nouveau code de procédure part du principe, que l'appel doit être admis sans faire une distinction basée sur la valeur de l'objet, puisqu'une telle distinction ne paraît pas conforme à l'équité.

L'appel sera interjeté dans le délai d'un mois et jugé par le tribunal régional.

2. DES TRIBUNAUX RÉGIONAUX.

§ 6.

Les tribunaux régionaux sont composés de plusieurs juges, savoir d'un président et du nombre de directeurs et membres exigé par les besoins du service.

Pour les territoires du droit français ils remplacent les tribunaux de première instance et en partie les tribunaux de commerce.

Dans les villes, où, à raison du nombre des affaires une seule chambre ne suffirait pas à juger les contestations civiles, plusieurs chambres sont formées. Les jugements des chambres civiles sont rendus seulement par trois juges y compris le président.

§ 7.

Les tribunaux régionaux connaissent des appels et des recours formés en matière civile contre les décisions des tribunaux cantonaux; ils connaissent en premier ressort, de toutes les contestations qui ne sont pas attribuées aux tribunaux cantonaux, donc, à l'exception des cas indiqués dans le § 3 où les tribunaux cantonaux sont compétents sans égard à la valeur de l'objet litigieux, chaque fois que la valeur excède 300 Mark.

§ 8.

D'après les lois nouvelles de l'Empire les tribunaux de commerce sont abolis. Cependant l'administration judiciaire pourra, si elle le juge nécessaire, établir des chambres pour les affaires de commerce auprès des tribunaux régionaux soit pour leur circonscription entière soit pour certaines parties de cette circonscription. Ces chambres pourront avoir leur siège dans des localités de la circonscription du tribunal, autres que celle où siège le tribunal régional.

Elles sont composées d'un membre du tribunal régional faisant fonctions de président et de deux commerçants comme assesseurs; ceux-ci sont nommés sur la proposition de la corporation légalement appelée à représenter les intérêts du commerce, c'est-à-dire de la chambre de commerce; leurs fonctions sont honorifiques et gratuites. Ce système d'une part présente au juge, faisant fonctions de président, l'occasion de se faire éclaircir par ses assesseurs à l'égard des matiées commerciales; d'autre part en commettant la direction de l'instruction à un juge, la loi crée une garantie que la procédure et la décision seront conformes aux principes dictés par la loi.

Le commerce n'aura donc qu'à se féliciter de cette innovation

§ 9.

Nous avons déjà mentionné ci-dessus que les affaires de commerce dont la valeur n'excède pas 300 Mark sont également de la compétence des tribunaux cantonaux, se qui s'applique aussi aux demandes fondées sur une lettre de change. Il en résulte donc que la question si une contestation doit être portée devant les chambres cviles ordinaires du tribunal régional ou devant la chambre pour les affaires de commerce ne se présente que dans le cas où il s'agit d'une valeur au-dessus de 300 Mark. Mais le nombre des affaires commerciales attribuées aux dites chambres est en outre restreint par la disposition que ces sortes de contestations ne sont de leur compétence que dans le cas où la demande est formée contre un *commerçant* et qu'elle est fondée sur des contrats qui sont de nature commerciale à l'égard des deux contractants. De plus ces chambres connaissent, mais seulement si la valeur de l'objet excède 300 Mark, des demandes fondées sur une lettre de change, sur les droits et obligations entre les membres d'une société commerciale, ou sur ceux qui résultent des rapports entre le procuriste, le fondé de pouvoir pour l'exercice d'un commerce ou le commis d'une part et le propriétaire de l'établissement commercial d'autre part, entre le courtier et les parties; ils connaissent des demandes relatives à la protection des marques de fabrique, dessins et modèles, et de celles fondées sur les droits et obligations se rattachant au droit maritime. Cependant toutes les affaires de commerce qui sont de la compétence des dites chambres peuvent également être plaidées devant les chambres civiles ordinaires des tribunaux régionaux, qui en connaîtront si le défendeur ne s'y oppose pas *avant* tous moyens au fond. Les appels contre les jugements des tribunaux cantonaux mêmes relativement aux affaires de commerce sont toujours portés devant une des chambres civiles ordinaires des tribunaux régionaux.

§ 10.

La loi ordonne le ministère d'avoué à l'égard de toute contestation qui est de la compétence des tribunaux régionaux.

Toute partie qui procède devant ces tribunaux, soit qu'elle interjette appel contre un jugement d'un tribunal cantonal soit qu'elle forme une demande dont es dits tribunaux connaissent en premier ressort est tenue de se faire représenter par un avocat-avoué exerçant près le tribunal saisi du procès. Il en est de même à l'égard de la procédure devant les chambres pour les affaires de commerce. La législation française au contraire ne prescrit pas le ministère d'avoué pour plaider devant les tribunaux de commerce; suivant cette législation les frais souvent assez considérables causés par le ministère d'avoué ne sont pas remboursés à la partie, même en cas de gain de cause; cependant la partie a recours au ministère d'avoué en beaucoup de cas notamment lorsque l'objet de la contestation est important ou que l'affaire est compliquée ou enfin que la partie n'habite pas la ville qui est le siége du tribunal.

Il nous paraît donc très juste que la législation nouvelle a dérogé à cet état de choses.

§ 11.

De même que les jugements des tribunaux cantonaux ceux des tribunaux régionaux sont soumis à l'appel sans égard à la valeur de l'objet du procès. L'appel doit être interjeté dans le délai d'un mois à partir de la signification du jugement et devra être porté devant le tribunal régional supérieur. L'appel n'est pas admis contre le jugement rendu par un tribunal régional sur l'appel interjeté contre un jugement d'un tribunal cantonal.

§ 12.

3. DES TRIBUNAUX RÉGIONAUX SUPÉRIEURS ET DE LA COUR SUPRÊME DE L'EMPIRE.

Les jugements des tribunaux régionaux supérieurs sont rendus par cinq membres, y compris le président.

Ces tribunaux remplacent pour le territoire du droit français les cours d'appels. Ils connaissent de l'appel contre les jugements des tribunaux régionaux de même que du recours contre les décisions de ces tribunaux. Il n'y a pas lieu à l'appel contre les jugements des tribunaux régionaux supérieurs; mais, il y a lieu au « pourvoi de la révision » dont nous parlerons encore et qui ne peut être formé qu'à raison d'une violation de la loi et qui sera porté devant la cour de l'Empire.

§ 13.

Le *Reichsgericht*, la cour suprême de l'Allemagne, aura son siége à Leipzig et remplacera les cours suprêmes qui existaient dans les divers états allemands de même que la cour suprême de Leipzig qui y existait sous le nom de « *Reichsoberhandelsgericht* » et qui était la cour de cassation de l'Alsace-Lorraine.

Les chambres du *Reichsgericht* connaissent au nombre de sept membres, y compris le président, de la révision des jugements définitifs des tribunaux régionaux supérieurs et du recours contre les décisions de ces tribunaux. La procédure devant les tribunaux régionaux supérieurs et devant le *Reichsgericht* se fait par le ministère d'avoué. Il n'y a pas de chambres spéciales pour les affaires de commerce près de ces deux juridictions.

II. LA PROCÉDURE.

1. DE LA JURIDICTION.

§ 14.

Celui qui veut intenter une demande aura à s'informer, quel tribunal est compétent pour en connaître. Nous avons déjà exposé la compétence quant aux diverses espèces de contestations; il nous reste à indiquer lequel parmi plusieurs tribunaux qui seraient compétents eu égard à l'espèce de la contestation doit en particulier connaître d'une affaire. C'est ce qu'on entend sous la dénomination de la compétence locale des tribunaux ou de « statuts de juridiction».

La disposition principale de la loi nouvelle est que toute demande doit être introduite devant le tribunal, dans le ressort du quel l'adversaire a son domicile ou sa résidence, en cas que le lieu de son domicile ne serait pas connu (« statut de juridiction général »). Il y a cependant deux modifications : les demandes rélatives à la propriété ou à la possession des immeubles ne peuvent être portées que devant le tribunal de la situation de l'immeuble; en outre il y a des statuts spéciaux pour certaines contestations. Nous indiquons notamment une disposition qui du moins dans la même étendue ne se trouve pas dans la législation française, qui contient une disposition analogue en matière d'affaires de commerce;

savoir que pour les demandes résultant des contrats outre le tribunal du domicile du défendeur sera également compétent le tribunal du lieu de l'exécution de l'obligation. Lorsque donc par exemple quelqu'un aurait acheté des objets d'une personne domicilié à Berlin, sous la condition indiquée par « loco Metz » c'est-à-dire que ces objets seraient à livrer à Metz la demande en exécution ou résiliation du contrat ou en indemnité à cause d'inexécution pourra être portée au choix du demandeur soit devant le tribunal de Berlin soit devant celui de Metz.

§ 15.

Un tribunal, bien qu'incompétent en principe, devient compétent par l'accord des parties. Celles-ci peuvent donc de commun accord faire juger leur différend par tel tribunal qu'il leur plaira, excepté cependant quand il s'agit de la juridiction exclusive résultant de la situation d'un immeuble. Les parties peuvent notamment convenir d'un domicile pour l'exécution d'une obligation de sorte que le tribunal du domicile élu est compétent pour toutes les contestations relatives à cette obligation.

2. DE L'INTRODUCTION DE LA DEMANDE.

§ 16.

Les dispositions de la loi nouvelle quand à l'introduction de la demande diffèrent de beaucoup du système français. Suivant ce dernier le procès est introduit sans qu'il en soit donné connaissance au tribunal, puisque sans aucune coopération de sa part l'adversaire est cité à comparaître à l'audience du tribunal. C'est une des conséquences tirées du principe, d'ailleurs admis également dans les lois nouvelles, que ce sont les parties elles mêmes, qui poursuivent le procès sans l'entremise du tribunal. D'après les lois nouvelles la demande est introduite par un acte, nommé libellé de la demande, qui est présenté au tribunal par la partie ou son avoué et qui contiendra l'énonciation précise de l'objet de la demande et de la cause sur laquelle elle est basée, des conclusions précises et l'assignation devant le tribunal afin de procéder aux débats oraux. Quant aux procès devant les tribunaux cantonaux la demande peut être déclarée devant le greffier, qui en dressera procès-verbal. Voici la formule d'un libellé de demande:

Demande de Mr. N. à Metz, demandeur,

contre

Mr. O. à Metz, défendeur

«objet du procès: paiement de 100 Mark».

«Le défendeur me doit 100 Mark pour argent prêté le 1er janvier 1879 au taux de cinq pour cent remboursable à ma volonté. Je conclus donc à ce qu'il plaise au tribunal à condamner Mr. O. à me payer 100 Marks avec intérêts 5% à partir du 1er janvier 1879. A cet effet je le cite devant le tribunal cantonal de cette ville afin de plaider l'affaire».

Signature du demandeur.

Sur ce libellé le tribunal indique jour et l'heure des débats oraux. Puis c'est au demandeur à faire signifier le libellé à l'adversaire. La signification sera faite par un huissier qui remettra une copie certifiée du libellé au defendeur. Au lieu de faire cette remise en personne l'huissier, comme pour toutes significations, peut se servir de la poste en remettant à l'employé de poste une enveloppe cachetée avec son sceau renfermant la pièce qui doit être signifiée et en invitant le dit employé de charger un facteur du lieu de destination de la signification. Celle-ci effectuée par ce facteur aura le même effet que celle faite par l'huissier lui-même. Cette disposition, inconnue au droit français, facilite beaucoup les significations à des personnes domiciliées à des endroits éloignés, puisqu'on n'a qu'à s'adresser à un huissier de son domicile pour faire effectuer la signification par la poste.

§ 17.

Les débats des affaires qui appartiennent aux tribunaux cantonaux ne sont pas précédés d'autres écritures que la demande, tandis que dans les procés dont connaissent les tribunaux d'un degré supérieur il est de règle que le defendeur après avoir reçu le libellé de la demande communique sa défense au demandeur faute de quoi les frais qui pourraient résulter d'un rétard du procès causé par l'omission de la signification de la réponse seront mis à sa charge; en outre d'autres écritures pourront être échangées entre les parties. Le but de ces écritures prépara-

2

toires est de faire connaître aux parties leurs réclamations et contestations, de même que de donner un aperçu de l'objet du procès au tribunal avant les débats oraux; à cette fin les copies des dites écritures doivent être déposées au greffe.

§ 18.

8. DE L'INSTRUCTION DES AFFAIRES.

Au jour fixé par le juge sur le libellé le procès sera exposé verbalement à l'audience publique du tribunal. Le principe de la publicité et des débats oraux dominant autrefois en Allemagne avait disparu par suite de l'introduction du droit romain, qui avait remplacé les anciennes coutumes. Dans la plus grande partie de l'Allemagne ce principe n'a pas été rétabli ou du moins pas complétement, tandis qu'il a été conservé dans la législation française depuis un temps reculé. Les lois nouvelles reconnaissant ce principe les habitants des territoires du droit français continueront donc de jouir d'une institution avec laquelle ils se sont à ainsi dire familiarisés. C'est donc sous forme de plaidoirie que les parties exposent leurs réclamations et défenses, et qu'elles discutent les moyens de preuve.

§ 19.

Le juge est investi d'un pouvoir très-étendu pour diriger les débats. La loi lui impose le devoir de faire éclaircir par les parties les conclusions qui seraient dépourvues de clarté, de faire préciser les faits articulés, de faire indiquer les moyens de preuve et de faire donner toutes les explications qui sont de nature à établir les circonstances de l'affaire. Ce devoir est encore plus étendu dans la procédure devant les tribunaux cantonaux qui sont obligés de diriger les débats de manière à ce que les parties prennent les conclusions nécessaires à pouvoir vider l'affaire On ne peut qu'approuver cette disposition qui paraît d'autant plus équitable, que les parties qui plaident devant les tribunaux cantonaux très-souvent ne connaissent pas les lois et ne sauraient donc pas sauvegarder leurs intérêts.

Puisque le droit français maintient strictement le principe, que la direction de la procédure est exclusivement à la charge des parties et que le juge n'a qu'à entendre les plaidoiries il pouvait arriver qu'une partie succombât uniquement par suite de l'ignorance d'une disposition concernant la procédure. Ce n'était que dans la pratique que ce principe fut mitigé.

<h2 style="text-align:center">§ 20.</h2>

Tous les débats oraux devant le tribunal saisi de l'affaire ne forment qu'un seul ensemble jusqu'au jugement définitif même en cas que les plaidoiries ont lieu à de divers jours. Il n'y a pas d'ordre déterminé pour les débats oraux de sorte qu'à peine d'exclusion le demandeur serait tenu à exposer ses affirmations à tel moment donné et qu'à tel autre le défendeur serait obligé à présenter ses défenses, ou qu'à un certain moment sous peine de déchéance les parties devraient indiquer leurs moyens de preuve; aucune restriction de ce genre étant posée le procès se développe avec l'agilité et la liberté qui est une des conséquences du principe que la procédure est orale.

Les moyens du demandeur et du défendeur (exceptions, reconventions, répliques etc.) peuvent être proposés jusqu'à la clôture des débats sur lesquels doit intervenir le jugement.

Jusqu'à quel point le procès soit avancé, la partie n'est jamais privé du droit de faire encore valoir ses moyens; la seule limite tracée par la loi consiste dans la disposition que le tribunal peut mettre les frais à la charge d'une partie même d'elle qui a obtenu gain de cause, si celle-ci a entravé la procédure en ne proposant pas plutôt ses moyens.

Ce ne sont que les exceptions dilatoires, telle que l'exception d'incompétence ou de l'inadmissibilité de la voie judiciaire qui sont à proposer avant tous moyens au fond.

§ 21.

Le tribunal en appréciant l'ensemble des débats et le résultat des preuves décidera d'après sa libre conviction si tel fait articulé est à regarder comme avéré ou non.

Tandis que dans la procédure concernant les affaires criminelles, le principe que les faits ne sont jugés que d'après la conviction intime du juge l'avait emporté depuis longtemps en Allemagne, la procédure civile se trouvait encore entravée sous beaucoup de rapports par des règles d'après lesquelles le juge devait admettre un fait comme prouvé ou non; de telles dispositions qui gênent la liberté de la conviction et dont on trouve même des traces dans la législation française n'étant pas conformes à l'idée que nous avons aujourd'hui de la mission des tribunaux, il était juste de les abandonner. Une seule exception a été conservée: savoir l'influence du serment sur la décision; dans ce cas la libre conviction du juge est exclue par suite de la nature du serment.

4. DES PREUVES.

§ 22.

Celui qui allègue un fait important pour la décision est obligé de le prouver en cas qu'il serait contesté. D'après la loi nouvelle de même que suivant la législation française les parties en alléguant un fait sont tenues d'indiquer les moyens de preuve. Cependant suivant la loi nouvelle il ne suffit pas de désigner ces moyens seulement quant à leur espèce, il faut que les parties en offrant la preuve d'un fait la précisent, de sorte qu'en offrant, par exemple, la preuve par témoins ils en indiquent en même temps les noms, tandis que suivant la législation française la désignation des témoins est reservée à la procédure postérieure qui sert à administrer la preuve.

§ 23.

En cas que les moyens de preuve peuvent être présentés au tribunal à l'instant même qu'on offre la preuve il n'y a pas lieu à une procédure particulière. Le juge peut donc rendre un jugement définitif à la première audience immédiatement après l'examen des titres produits ou après l'audition des témoins présentés à cette audience même.

Lorsque l'administration de la preuve exige une procédure particulière, celle-ci sera ordonnée par une décision, qui contiendra les faits à prouver et la désignation des moyens de preuve. Elle n'est que préparatoire et comme d'après la législation française ne lie pas le juge. Aucun pourvoi, notamment l'appel, ne peut interjeté contre cette décision, ce qui servira beaucoup à faire terminer les procès.

§ 24.

Suivant la législation française le tribunal après avoir ordonné une preuve était désaisi de l'affaire; les parties devaient elles-mêmes avoir soin de l'administration de la preuve et de la continuation du procès en portant leur différend de nouveau devant le tribunal. Les lois nouvelles au contraire chargent le tribunal de l'administration de la preuve de sorte que c'est à lui de fixer d'office le jour et l'heure, de citer les témoins et les experts qui seront entendus même quand les parties font défaut et d'adresser en tant que nécessaire les commissions rogatoires à d'autres tribunaux ou autorités.

En conséquence du principe que l'instruction se fait immédiatement devant le tribunal même et que le tribunal décide suivant sa libre conviction, les preuves sont administrées toujours devant le tribunal qui connaît de l'affaire et ce n'est que par exception qu'un juge commissaire ou un juge requis est chargé de la procédure concernant l'administration de la preuve. Celle-ci doit en outre être suivie immédiatement des débats de l'affaire même.

§ 25.

Une particularité du droit français consiste dans son aversion pour la preuve par témoins, aversion, qui est fondée en partie sur la faiblesse de la mémoire des hommes, en partie sur la méfiance de leur véracité et sincérité. C'est de ces considérations que dérive la disposition qu'en principe la preuve par témoins est exclue dans toutes choses dont l'objet excède la valeur de 150 francs et qu'elle n'est pas admise outre et contre le contenu d'un acte.

Une telle restriction de la preuve par témoins en favorisant la preuve par titres peut simplifier et faciliter l'instruction mais elle nous paraît manquer d'un motif sérieux et juste puisqu'elle s'oppose à ce que le juge fasse usage des moyens qui pourraient lui servir à connaître la vérité et à former librement sa conviction.

Le code français contient encore une autre disposition sur la preuve par témoins qui nous ne paraît pas plus fondée et ne s'accorder pas non plus avec le principe que le juge doit décider uniquement d'après son intime conviction: savoir qu'un grand nombre de personnes peuvent être reprochés, parmi lesquels se trouvent les parents et alliés jusqu'au sixième degré, les domestiques et serviteurs, donc des personnes qui très-souvent pourraient le mieux renseigner le juge sur le fond de l'affaire.

Le nouveau code de procédure ne restreint nullement ni l'admissibilité de la preuve par témoins ni le choix des personnes à entendre comme témoins excepté à l'égard des fonctionnaires publics quand il s'agit de faits à raison desquels ils sont tenus de garder le secret. Cependant la loi accorde le droit de refuser de rendre témoignage à certaines personnes — aux conjoints, aux parents et alliés les plus proches, aux ministres du culte pour ce qui leur a été confié dans l'exercice de leurs fonctions ecclésiastiques — de même que dans certaines circonstances telles que si le témoignage devait avoir pour suite immédiate un dommage matériel ou s'il pouvait provoquer des poursuites criminelles contre le témoin le témoignage peut être refusé; en outre dans certains cas indiqués par la loi, notamment quand il s'agit de l'audition d'une personne qui n'aurait pas atteint l'âge de 16 ans accomplis, le témoin sera entendu sans prêter serment et il est laissé à la libre appréciation du juge d'attacher à une telle déposition telle foi qu'il voudra. Le témoin regulièrement cité qui ne comparaît pas, sera condamné d'office à une amende; une telle décision peut être rapportée, si une excuse suffisante est présentée postérieurement. Sera puni suivant le code pénal de l'Empire celui qui indique des motifs simulés afin de se faire dispenser de rendre témoignage. Est également punissable le refus de déposer ou de prêter serment sans aucun motif ou après que le motif indiqué aura été declaré nou pertinent; dans le cas d'un refus réiteré le tribunal peut même sur la demande de la partie et afin de contraindre le témoin à déposer ordonner son arrestation dont cependant la durée ne peut pas dépasser celle du procès et jamais le délai de six mois.

§ 26.

Quant à la preuve par experts c'est ordinairement au tribunal de les choisir et d'en fixer le nombre.

Il peut même d'office et sans la demande des parties ordonner une expertise.

L'expert nommé est tenu d'accepter sa nomination s'il à mission officielle de donner des avis sur la matière en question, ou s'il exerce professionellement et publiquement la science, l'art ou le métier dont la connaissance est jugée nécessaire pour l'expertise. Dans ces cas l'expertise est regardée comme un devoir public. — Le refus mal fondé est puni. Le tribunal est libre quant à l'appréciation du rapport des experts qui peut être fait soit par écrit soit oralement selon le tribunal le juge à propos.

§ 27.

Pour que les actes sous seing privé prouvent

pleinement les déclarations y contenues il suffit qu'ils soient souscrits par ceux dont ils émanent.

Cette déposition déroge à celle du code civil français suivant laquelle le billet ou la promesse sous seing privé s'il n'est pas écrit en entier de la main de celui qui le souscrit, doit outre la signature porter de sa main, un «bon» ou «approuvé» en indiquant en toutes lettres la somme ou la quantité de la chose; sont abolis en outre les dispositions qui font dépendre la validité des actes sous seing privé qui contiennent des conventions synallagmatiques de l'accomplissement de certaines formalités.

La partie adverse de même que tout tiers peut être contraint à la production d'un acte qui se trouve en sa possession ou du moins à l'affirmation sous serment, qu'il ne le possède pas et qu'il ne sait pas où il se trouve.

Les parties peuvent déférer le serment pour former preuve des faits qu'ils articulent; il peut être déféré non seulement sur un fait personnel à la partie adverse mais également sur un fait de ses auteurs ou représentants de même que sur les faits qui ne sont qu'à sa connaissance.

La prestation d'un serment est ordinairement ordonnée par un jugement définitif conditionnel, c'est-à-dire par un jugement qui en énonçant la tenue du serment doit indiquer les conséquences attachées à sa prestation ou à sa non-prestation. L'appel pouvant être interjeté contre un tel jugement, le serment ne pourra être prêté qu'après un mois à partir de la signification du jugement.

Le serment prêté fera preuve complète du fait sur lequel il a été porté.

Tandis que suivant le droit français même la condamnation pour faux serment ne donnait pas lieu à un recours contre le jugement fondé sur le serment prêté, selon la loi nouvelle la procédure pourra être reprise par une action en restitution, lorsque l'adversaire a violé la foi du serment soit volontairement soit par négligence en prêtant le serment qui forme la base du jugement.

5. DES JUGEMENTS ET DES VOIES DE RECOURS.

§ 29.

Dès que le procès sera en état de recevoir une solution, le tribunal doit statuer par un jugement définitif. Il en est de même, si, dans le cas où plusieurs réclamations sont formées par une même demande, l'une d'elles seulement ou une partie d'une de ces réclamations est en état de recevoir une solution; alors la décision porte le nom de «jugement partiel.» Le tribunal est libre de ne pas rendre un tel jugement si, eu égard à l'état de la cause, il ne le juge pas opportun.

Est abrogée la disposition du droit français suivant laquelle le tribunal pouvait accorder des délais de payement au débiteur condamné. Tout jugement définitif rendu en premier ressort donc également tout jugement partiel est susceptible d'appel, qui doit être

interjeté dans le delai d'un mois à partir de la signification du jugement, donc dans un délai qui est plus
court que celui du code de procédure française.

Devant le tribunal d'appel l'affaire est débattue
derechef. Les parties pourront proposer des faits et
des moyens de preuve qu'ils n'avaient pas fait valoir
en premier ressort. Les jugements rendus en deuxième
instance ne pourront plus être attaqués par la voie
d'un second appel, mais la loi admet la voie de la
révision, qui doit être portée au « *Reichsgericht* », contre
les jugements définitifs rendus sur appel par les tribunaux régionaux supérieurs lorsque la valeur de
l'objet du pourvoi est supérieure à la somme de
1500 Mark.

Le pourvoi en révision doit être formé dans le
délai d'un mois à partir de la signification du jugement et ne peut être appuyé que sur le motif que
la décision aurait violé une loi de l'Empire ou une
loi dont l'application s'étend au delà du ressort du
tribunal d'appel. Les faits ne sont pas examinés de
nouveau, le tribunal de révision doit au contraire baser
la décision sur les faits tels qu'ils ont été constatés
par le jugement attaqué.

§ 30.

Si le défendeur ne comparaît pas au jour indiqué
pour les débats oraux, le demandeur peut requérir
jugement par défaut.

En supposant que le défendeur en ne comparais-
sant pas rénonce à contester les faits sur lesquels la

demande est basée ces faits sont réputés reconnus par lui et les conclusions du demandeur sont adjugées en tant qu'elles sont justifiées par ces faits sans que ceux-ci aient besoin d'être vérifiés.

Si le demandeur ne comparait pas il sera rendu sur les conclusions du défendeur un jugement par défaut qui le déboute de sa demande.

La partie contre laquelle un jugement par défaut a été rendu pourra y former opposition.

L'admissibilité de l'opposition ne dépend pas de l'indication ou de la preuve d'un motif qui aurait empêché la comparation de la partie à la première audience; on a adopté sous ce rapport le système français. Mais pour contraindre les parties à éviter autant que possible des jugements par défaut, la loi porte que les frais occasionnés par le défaut sont à la charge de la partie défaillante, quel que soit le résultat définitif du procès.

Le délai d'opposition est de deux semaines et court du jour de la signification du jugement par défaut; après ces deux semaines l'opposition n'est plus recevable. Ces dispositions vont opérer un changement très-utile; l'opposition contre les jugements rendus par défaut contre une partie qui n'avait pas constitué d'avoué étant d'après le code français recevable jusqu'à l'exécution, le débiteur malveillant avait assez souvent recours à cette disposition pour entraver les poursuites du créancier. Il arrivait souvent qu'un tel débiteur laissait prendre jugement par défaut et n'y formait opposition qu'au moment de la saisie pratiquée après la signification du jugement et d'un commandement. Un tel procédé est rendu impossible par suite de la fixation d'un délai qui dans tous les cas court à partir de la signification du jugement.

L'opposition n'est pas recevable contre un jugement qui aurait débouté d'une première opposition.

Différemment du droit français l'appel n'est pas admis contre les jugements par défaut.

La disposition du code français que les jugements par défaut doivent être exécutés dans les six mois de leur obtention, — une disposition d'ailleurs qui nous parait peu fondée, — n'a pas été reçue par la législation nouvelle.

6. DES FRAIS.

§ 31.

La loi nouvelle sur les frais du 18 juin 1878 a fixé les droits à payer suivant la valeur de l'objet, en désignant les cas dans lesquels ces droits seront perçus entièrement ou seulement en partie.

La partie qui succombe supportera les frais du procès et remboursera notamment ceux occasionnés à l'adversaire en tout que le tribunal est d'avis qu'ils ont été nécessités par l'intérêt de la demande ou de la défense.

Dans tous les procès les honoraires et déboursés de l'avoué seront remboursés à la partie qui obtient gain de cause.

Cependant les frais occasionnés par la faute ou la négligence d'une partie seront supportés par elle, même en cas de gain de cause.

Les frais du procès seront mis à la charge du demandeur, si le défendeur reconnait immédiatement la réclamation comme bien fondée, à moins, que le défendeur n'ait occasionné le procès par sa manière d'agir.

III. PROCÉDURES SPÉCIALES.

1. DE LA PROCÉDURE SUR TITRES OU LETTRES DE CHANGE.

§ 32.

La législation nouvelle a introduit sous la dénomination sus-indiquée une procédure inconnue à la législation française qui diffère de la procédure ordinaire non seulement par ce qu'au moyen de règles assez simples elle tend à faire expédier plus promptement une affaire, mais surtout parcequ'elle n'admet les exceptions du défendeur que dans une mesure assez limitée. Cette procédure d'ailleurs suppose que la preuve de tous les faits nécessaires pour établir la réclamation puisse être faite au moyen de titres authentiques ou sous seing privé qui doivent être joints à la demande.

Ce qui caractérise cette procédure c'est que le défendeur ne peut faire valoir que les exceptions dont il fait la preuve complète par des titres ou par serment. Les autres moyens do preuve notamment celle par témoins ne sont pas admissibles. Ne sont pas non plus recevables les demandes reconventionelles. Le législateur veut protéger le créancier dont la réclamation est fondée sur un titre contre le retard provoqué par des moyens de preuve de la part du défendeur dont l'administration pourrait servir à traîner l'affaire.

D'autre part pour ne pas porter dommage aux intérêts du défendeur la loi ordonne que la faculté do faire valoir ses droits dans la procédure ordinaire lui sera réservée, s'il a contesté la réclamation et qu'il a été condamné dans la procédure par titres. Dans ces cas cette condamnation n'est que provisoire sans cependant que la réserve mentionné en puisse empêcher l'exécution.

Cette procédure sera d'une grande importance surtout dans le territoire du droit francais où par suite de la restriction de la preuve par témoins les parties ont l'habitude de se procurer des preuves par écrit à l'égard des obligations qu'elles contractent.

Tout ce qui vient d'être exposé s'applique à la procédure sur lettres de change qui n'est qu'une espèce de la procédure sur titre.

2. DE LA PROCÉDURE D'AVERTISSEMENT.

§ 33.

Très souvent des demandes sont introduites pour le seul motif que le débiteur est en retard, qu'il est un homme négligent ou qu'il n'a pas les moyens à sa disposition pour satisfaire son créancier bien qu'il n'en conteste pas la réclamation de sorte qu'un jugement ne serait même pas nécessaire. Dans ces cas il n'existe pas de contestation mais il s'agit uniquement de faire contraindre le débiteur qui reste en retard à l'accomplissement de ses obligations par les autorités compétentes.

Suivant la législation française ce but ne peut être atteint qu'en prenant jugement par défaut, donc par une procédure assez compliquée et coûteuse; l'avertissement prescrit par la loi du 2—5 mai 1855 ne paraît qu'un faible remède. Pour tous les cas où l'on peut prévoir qu'une contestation n'aura pas lieu la législation nouvelle a introduit une procédure spéciale et assez simple, qui, en ne pas donnant lieu à des frais inutiles, sert à satisfaire le créancier plus promptement que la voie de la procédure ordinaire; c'est la procédure d'avertissement. Le créancier y aura recours chaque fois qu'il pourra supposer que le défendeur ne pourra ni voudra contester sa réclamation. Est exclusivement compétent sans égard à la valeur de l'objet du procès le tribunal cantonal dans le ressort duquel le défendeur a son domicile.

Le demandeur adresse une enquête soit oralement soit par écrit au tribunal qui délivre un commandement de payer conditionnel sans instruction préalable et sans examiner si les faits articulés sont justifiés.

Le commandement contient sommation au débiteur de satisfaire le créancier du montant de sa créance avec frais et intérêts dans le délai de deux semaines à partir de la signification, sous peine d'y être contraint par voie d'exécution immédiate, — ou de former opposition devant le tribunal. Par suite d'une opposition formée en temps utile le commandement perdra son effet, la procédure de commandement cesse et l'affaire est instruite devant le tribunal cantonal qui a délivré le commandement, si la demande ou l'objet de la réclamation est de la compétence des tribunaux cantonaux; si elle est de la compétence des tribunaux régionaux c'est devant ceux-ci qu'il faudra l'introduire.

Après l'échéance du délai de deux semaines le commandement sera déclaré exécutoire à moins qu'avant cette déclaration le débiteur n'ait formé opposition. Cette déclaration (ordonnance d'exécution) équivaut à un titre suffisant à l'exécution immédiate. Elle est susceptible d'opposition dans un délai de deux semaines qui cependant n'a pas d'effet suspensif quant à l'exécution.

Si l'opposition est formée en temps utile il sera procédé comme dans toute autre affaire devant le tribunal qui peut même ordonner qu'il soit sursis provisoirement à l'exécution forcée avec ou sans caution.

Faute d'opposition la dite ordonnance tient lieu de titre au créancier.

3. DE LA PROCÉDURE DANS LES AFFAIRES MATRIMONIALES.

§ 34.

Les procès qui ont pour objet la nullité, l'invalidité ou la dissolution d'un mariage sont de la compétence exclusive du tribunal régional dans le ressort duquel le mari a son domicile ou à défaut d'un tel sa résidence. La publicité de l'instruction doit être exclue si l'une des parties le demande.

En cas de divorce par consentement mutuel la loi a maintenu dans les territoires où cette espèce de divorce est admise la procédure spéciale qui a pour but d'obvier par des formalités compliquées à l'usage mauvais qui pourrait en être fait et de mettre à l'épreuve la persévérance des époux quant à leur demande.

En cas de divorce pour cause déterminée ou en cas d'une demande en nullité ou invalidité d'un mariage, par exemple parceque les époux n'avaient point encore l'âge requis ou que l'un des deux n'avait pas encore atteint cet âge, ou à cause de proche parenté ou du défaut de consentement des parents — la procédure est la même que pour toute autre affaire introduite devant le tribunal régional en tant que l'importance de l'institution de mariage n'exige pas des modifications. Ainsi aucune demande en divorce est reçue par les tribunaux sans le préliminaire de la conciliation, tandis que toute autre demande en est dispensée. Cependant ce n'est pas le tribunal qui connaît de la demande ni, comme suivant le code français, le président de ce tribunal mais le juge cantonal devant lequel les parties doivent comparaître en personne. Le législateur suppose que ce juge à cause de sa position qui le met en rapport direct avec le public est le plus apte à amener une conciliation.

3*

Nous faisons observer en outre que dans ces affaires la procédure devant les tribunaux régionaux se fait par le ministère d'avoué; les parties n'ont à comparaître en personne que dans le cas où le tribunal l'ordonne, ce qu'il pourra quand l'intérêt de l'affaire l'exige.

IV. L'EXÉCUTION FORCÉE.

§ 35.

L'utilité d'une législation concernant la procédure se manifeste surtout par ses dispositions sur l'exécution forcée. Elles doivent avoir en vue d'assurer d'une manière prompte et énergique la réalisation des droits du créancier donnant également au débiteur les garanties nécessaires pour le mettre à l'abri des excès du créancier. Sous ce double rapport la loi nouvelle nous paraît offrir de grands avantages. Elle diffère de la plupart des systèmes en vigueur en Allemagne jusqu'au 1er octobre 1879, y compris le système français en ce qu'au moyen de ses dispositions le créancier réussira avec plus de rapidité d'avoir payement de ce qu'il lui est dû.

1. DES TITRES EXÉCUTOIRES.

§ 36.

L'exécution forcée peut avoir lieu non seulement en vertu d'un jugement, mais en outre en vertu d'une transaction intervenue devant un tribunal, ou d'une ordonnance d'exécution rendue par le tribunal cantonal dans la procédure d'avertissement de même que de tout titre revêtu des formalités des formes prescrites par la loi et redigé par un tribunal ou un notaire. Cependant les actes passés devant notaire ne sont exécutoires sans qu'ils aient besoin d'une décision préalable que dans le cas où le débiteur se serait soumis à l'exécution immédiate expressément dans l'acte même. Sous cette condition sont également exécutoires même dans toute l'Allemagne sans aucune procédure préalable les actes passés avant le 1er octobre 1879 dans les territoires où dejà jusqu'au dit jour l'exécution en vertu d'un titre notarié était connue. Il sera donc utile pour en assurer l'exécution dans tout l'Empire d'y insérer dès maintenant la déclaration contenant soumission du débiteur à l'exécution immédiate.

<h2 style="text-align:center">§ 37.</h2>

Quant à l'exécution en vertu des jugements elle n'est admise suivant la loi nouvelle qu'après qu'ils auront acquis l'autorité de la chose jugée. Elle n'aura donc lieu qu'après l'échéance du délai soit d'un mois pour interjeter appel ou pour se pourvoir en révision soit de quinze jours pour faire opposition aux jugements par défaut.

Les pourvois ou l'opposition formés en temps utile font donc obstacle à l'exécution.

La législation française admettait l'exécution en vertu d'un jugement même avant l'expiration des délais fixés pour attaquer les jugements en attribuant l'effet suspensif à l'appel et à l'opposition dès qu'ils sont interjetés. Le but de cette disposition était de pousser celui qui avait succombé à interjeter l'appel ou à former opposition sans retard s'il croyait avoir été condamné à tort. La loi nouvelle tâche d'arriver au même résultat en abrégeant les dits délais.

2. DE L'EXÉCUTION PROVISOIRE.

§ 38.

De la règle qu'il n'y a pas lieu à l'exécution avant l'expiration des délais pour former un pouvoir ou l'opposition et qu'elle sera suspendue en cas de pourvoi ou d'opposition, des exceptions ont été statués par la loi en ce qu'elle admet l'exécution provisoire avec beaucoup de facilité. Lorsqu'un jugement a été déclaré exécutoire par provision l'exécution peut avoir lieu immédiatement après la signification et non-obstant appel, révision et opposition. Par cette disposition le créancier paraît mis à l'abri de la déconfiture du débiteur qui pourrait intervenir après le jugement, tandis que celui-ci est empêché d'abuser des dits délais soit pour se soustraire à la condamnation obtenue par le créancier soit pour en retarder l'exécution en interjetant un pourvoi qu'il reconnaît lui-même comme mal fondé.

La loi distingue entre les jugements déclarés exécutoires par provision sans que des conclusions à ce but aient été prises, et ceux qui ne pourraient être déclarés exécutoires par provision que sur de telles conclusions.

Parmi les premiers se trouvent les jugements portant condamnation en vertu d'une reconnaissance, ceux rendus dans les procès sur titres ou lettres de change, ceux qui adjugent des aliments et enfin les jugements par défaut rendus itérativement sur le fond dans la même instance contre la même partie.

De la seconde catégorie sont presque tous les jugements des tribunaux cantonaux; en outre tout jugement, quel que soit le tribunal qui l'ait rendu, lorsque le créancier rendra vraisemblable que le sursis dans l'exécution lui causerait un préjudice difficile à réparer ou lorsqu'il offre de fournir caution avant l'exécution. Cette dernière disposition (qui dans la même étendue ne se trouve dans la législation française qu'à l'égard des affaires de commerce) présentant une grande utilité sera appliquée très-souvent. Chacun qui est à même de fournir caution pourra se faire payer en vertu du premier jugement et évitera ainsi les dangers provenant de la déconfiture postérieure du débiteur ou des machinations malveillantes de ce dernier.

Seulement lorsque le débiteur rendrait probable que l'exécution du jugement lui porterait un préjudice irréparable, le tribunal d'après sa libre appréciation, n'admettra pas l'exécution provisoire.

Ainsi la loi en assurant la réalisation prompte des droits des créanciers reconnus par le jugement ne manque pas de protéger le débiteur dont la situation mériterait d'être prise en considération.

3. DE LA PROCÉDURE DE L'EXÉCUTION.

§ 39.

L'exécution ne se fera qu'en vertu de la grosse délivrée par le greffier en revêtant une expédition du jugement de la formule exécutive. Cette disposition est appliquée à tout titre en vertu duquel l'exécution peut avoir lieu. Le créancier remet la grosse à un huissier en le chargeant de faire les actes nécessaires pour obtenir payement. La loi nouvelle a introduit pour toute l'Allemagne l'institution des huissiers ce qui forme une innovation pour une partie de l'Allemagne où l'exécution a été exclusivement effectuée par le tribunal et sous sa surveillance immédiate, tandis que suivant la loi nouvelle l'huissier agira comme étant chargé directement par la partie sans le concours du tribunal. Ce n'est que par exception que certains actes rentrent dans les attributions du tribunal. De ce nombre est l'exécution forcée sur des créances du débiteur qui ne sera pas opérée par l'huissier; c'est le tribunal même qui en est chargé. En outre il faut s'adresser aux tribunaux lorsqu'il s'agit de statuer sur les objections contre l'exécution de la part du débiteur ou d'un tiers ou sur des difficultés concernant le mode de l'exécution. L'huissier chargé de l'exécution est autorisé à recevoir les payements et à en donner quittance.

§ 40.

Il est incontestable que les pouvoirs attribués aux huissiers par la loi notamment en tant qu'elle les charge de l'exécution sans le concours du tribunal peut menacer les intérêts des parties et que ce danger n'est pas essentiellement diminué par le fait que les parties ont le choix parmi un certain nombre de ces officiers ministériels.

Si les huissiers se sont montrés dignes de la confiance que leur a été accordée dans quelques territoires de l'Allemagne où ils étaient déjà en fonction, il ne faut cependant pas oublier que c'était leur position avantageuse sous le rapport des appointements qui permettait d'exiger des connaissances assez profondes et qui offrait en même temps une garantie contre des soustractions de leur part, tandis que suivant la législation nouvelle les appointements sont de beaucoup inférieurs de sorte que les dites garanties n'existent plus aujourd'hui.

4. DU TRIBUNAL D'EXÉCUTION.

§ 41.

En tant qu'il s'agit du pouvoir déféré aux tribunaux d'ordonner des actes d'exécution, ce sont les tribunaux cantonaux qui sont exclusivement compétents sans égard à la valeur de l'objet; ils connaissent également sur les conclusions et objections concernant le mode ou la procédure de l'exécution.

C'est à cause de la procédure plus simple et plus prompte introduite par la loi pour les tribunaux cantonaux qu'ils ont été désignés pour connaître des difficultés qui s'élèvent à l'occasion de l'exécution.

§ 42.

L'exécution n'est arrêtée par aucune objection de quelle nature qu'elle soit; elle doit être continuée nonobstant toute objection afin que des chicanes n'en puissent pas retarder l'effet. Les tribunaux ont cependant le pouvoir d'ordonner la suspension provisoire de l'exécution quand bon leur semble. Il en est de même lorsqu'un tiers prétend avoir relativement à l'objet de l'exécution forcée un droit qui en empêcherait l'aliénation, notamment au droit de propriété.

Par ces dispositions les abus auxquels dans les territoires du droit français donnait lieu souvent les tiers-oppositions vont disparaître. La tiers-opposition n'ayant plus l'effet d'empêcher l'exécution on ne pourra plus s'en servir pour faire retarder la réalisation des droits du créancier.

5. DES DIVERS MODES DE L'EXÉCUTION EN GÉNÉRAL ET DE CELLE SUR LES IMMEUBLES EN PARTICULIER.

§ 43.

Le créancier est libre de choisir le mode d'exécution forcée afin d'obtenir payement. Il y a trois modes d'exécution: l'exécution sur les biens immeubles, celle sur les biens meubles, et celle sur des créances du débiteur. Quant à la première le nouveau code de la procédure se borne à déclarer le tribunal cantonal compétent; la procédure même ainsi que la procédure d'ordre sera réglée d'après les dispositions en vigueur dans les divers pays de l'Allemagne. Puisque ce mode d'exécution se rattache au système hypothécaire et aux dispositions sur la propriété et que sous ce rapport il existe encore une très-grande différence dans les divers territoires de l'Allemagne il a fallu renoncer à des dispositions communes pour tous ces pays. L'etat actuel est donc maintenu à cet égard.

§ 44.

Quant aux deux autres modes d'exécution le principe suivant domine qui sera d'une grande importance dans la pratique: le créancier qui saisit des objets mobiliers ou des créances, acquiert un droit de gage de sorte qu'il jouit de la même préférence vis-à-vis de tous les autres créanciers comme celui qui se serait fait donner un gage par contrat de nantissement. Un tel effet était inconnu dans la plupart des pays allemands y compris ceux où le droit français était en vigueur, puisque la saisie n'y créait aucun droit de privilège; tout créancier pouvait intervenir dans une procédure de saisie à l'effet de participer à la distribution des deniers qui en provenaient en concurrence avec la partie poursuivante.

Dorénavant celui qui sera le premier à faire une saisie sera aussi payé avec préférence aux autres créanciers même en cas de faillite. D'après les motifs la loi nouvelle a voulu empêcher que celui qui après avoir examiné avec soin la situation pécuniaire de son débiteur fait des démarches pour obtenir la réalisation de ses droits soit obligé de partager ce qui est le résultat de sa poursuite avec d'autres créanciers. En outre le législateur suppose avec raison que ces dispositions qui seront suivies également dans la procédure d'arrêt vont engager les créanciers de pousser leurs débiteurs à l'accomplissement exact des obligations contractées et qu'ainsi ces prescriptions auront pour effet de restreindre l'usage malheureusement trop repandu en Allemagne d'accorder de longs crédits ce qui séduit à faire des dettes.

Par suite de la préférence dont jouit la première saisie, la procédure de distribution des deniers provenant de la saisie n'est plus de la même importance qu'autrefois.

Le principe que la date de la saisie est décisive quant à la préférence rend ordinairement une procédure particulière superflue. En cas qu'elle serait nécessaire c'est aux tribunaux cantonaux à y procéder d'office.

§ 45.

Si le produit de la saisie n'a pas suffi pour désintéresser entièrement le créancier ou si celui-ci rend vraisemblable que pour la saisie il ne peut se faire payer entièrement le débiteur est tenu de présenter un état de ses biens, d'indiquer la cause de ses créances et les moyens de preuve et de prêter le serment de manifestation dans la forme suivante : « qu'il a donné un état complet de ses biens et que sciemment il n'y a rien omis ». Cette disposition qui ne se trouve pas dans la législation française paraît indispensable pour atteindre complétement le but de l'exécution. Elle seule offre le moyen d'empêcher le débiteur malveillant de soustraire sa fortune aux créanciers et elle assure notamment l'exécution qui a pour objet les créances du débiteur.

Dans les territoires où le droit français était en vigueur, le créancier n'ayant que rarement une notion exacte des créances de son débiteur et n'ayant pas un tel moyen de se procurer cette connaissance devait renoncer à se faire payer par cette partie des biens de son débiteur ou il était obligé de courir le risque de la procédure de saisie-arrêt, un mode d'exécution assez couteuse et lente. La loi nouvelle met le créancier en état de contraindre le débiteur à indiquer sous serment l'état de ses biens.

Le tribunal cantonal du domicile du débiteur est compétent pour recevoir le dit serment. Si le débiteur refuse de le prêter sans motifs sérieux le tribunal doit ordonner son arrestation pour l'y contraindre si le demandeur le requiert. Ce dernier est obligé de consigner d'avance de mois en mois les frais occasionnés par l'arrestation. Ces frais étant assez considérables le créancier n'aura recours à ce mode d'exécution que dans des cas urgents.

L'arrestation cessera dès que le débiteur prête le serment et en outre elle ne peut jamais dépasser six mois.

6. DE L'EXÉCUTION FORCÉE SUR LES BIENS MEUBLES.

§ 46.

L'exécution n'a pas besoin d'être précédée par

un commandement de payer tel qu'il était prescrit pour une grande partie de l'Allemagne. Le jugement ayant été signifié le débiteur a connaissance de l'existence d'un titre exécutoire, et doit donc s'occuper immédiatement des mesures nécessaires à pouvoir payer le créancier. Il n'y a aucun motif pour admettre en outre un commandement qui ne servirait qu'à retarder l'exécution et très-souvent tiendrait lieu d'une sommation faite au débiteur de mettre à l'abri des poursuites du créancier ce qui pourrait servir à son payement.

§ 47.

Vu les effets de la saisie la loi a ordonné un mode de procédure assez énergique pour en atteindre le but.

La saisie des objets corporels qui se trouvent entre les mains du débiteur sera opérée par la prise de possession de ces objets par l'huissier. Le mode de la saisie d'après lequel les objets restaient dans la possession du débiteur jusqu'à la vente n'a pas été adopté par la loi nouvelle. Il ne pourront rester en sa détention que du consentement exprès du créancier; pour ce cas la saisie doit se manifester par l'apposition de scellés ou par d'autres moyens propres à ne pas laisser des doutes sur ce qu'une saisie a été opérée.

§ 48.

En conséquence de ce qui a été exposé relativement à l'effet exclusif de la première saisie un recolement n'a d'importance que pour le cas qu'il a été fait droit à la première réclamation d'une autre manière ou que la produit de cette saisie excède le montant de la première créance. La vente des objets saisis se fait aux enchères publiques et n'aura pas lieu avant l'expiration d'une semaine à compter du jour de la saisie. Les objets en or ou en argent ne pourront être adjugés au-dessous de leur valeur en or ou argent. Les valeurs saisies seront vendues par l'huissier de gré à gré au cours du jour, lorsqu'elles sont cotées à la bourse.

7. DE L'EXÉCUTION FORCÉE SUR LES CRÉANCES.

§ 49.

Nous avons déjà dit que ce mode d'exécution est devenu très-important par ce que le débiteur peut être contraint à manifester l'état de sa fortune. Puisque le débiteur ne doit pas seulement indiquer ces créances mais également en faire connaître la cause et les moyens de preuve le créancier est mis à même de les examiner et de se rendre compte si des poursuites contre les débiteurs de son débiteur ne causeront pas trop de difficultés et de frais et si donc il pourra se faire payer au moyen de ces créances.

§ 50.

La procédure diffère beaucoup de celle du droit français; la saisie-arrêt n'était pas exclusivement un mode d'exécution mais également une mesure conservatoire.

Suivant le code français l'exécution commence par la saisie pratiquée par l'huissier sur des sommes ou effets appartenant au débiteur et se trouvant entre les mains d'un tiers; elle est dénoncée au débiteur et doit être suivie par une demande en validité dans un délai fixé par la loi.

La loi nouvelle attribue toute la procédure dès le commencement au tribunal cantonal, dans le ressort duquel le débiteur est domicilié en excluant l'huissier.

Sur la demande du créancier muni de son titre exécutoire le tribunal fera défense d'une part au tiers-saisi de faire un payement entre les mains du débiteur d'autre part à ce dernier de disposer de la créance. La saisie sera réputée pratiquée par la signification de l'ordonnance au tiers-saisi et à partir de ce moment la créance est devenue le gage du créancier, dont le produit servira à son payement avec préférence à tout autre créancier. — La créance saisie sera adjugée au créancier afin d'en faire rentrer le montant, sans entendre préalablement le débiteur.

Sur la demande du créancier le tiers-saisi doit déclarer dans le délai de deux semaines à partir de la signification de l'ordonnance de saisie, si et à quel point il reconnaît la créance comme bien fondée et s'il est disposé à en opérer le payement. En cas de refus ou de retard de la part du tiers-saisi c'est au créancier d'introduire une demande contre celui-ci.

§ 51.

Il y a cependant certaines créances qui sont insaisissables. De ce nombre sont notamment les traitements des employés et fonctionnaires, des ministres du culte, des instituteurs et des officiers, les pensions des veuves et orphelins et les sommes qu'ils perçoivent sur les caisses des veuves et orphelins, les pensions destinées à l'éducation — le tout, en tant que les dits revenus n'excèdent pas la somme de quinze cents Mark par année; au cas contraire le tiers du surplus pourra être saisi.

En outre sont insaisissables les créances pour pension alimentaire, les sommes à percevoir sur les caisses de malades ou de secours ou les caisses mortuaires, les pensions d'invalides, les gages des ouvriers et domestiques, de même que les traitements des personnes qui sont engagées au service d'un particulier non seulement passagèrement, — en tant que ces sortes de créances ne sont pas encore échues. Si l'engagement au service d'un particulier est pour une durée plus longue, le traitement peut être saisi sans aucune restriction en tant qu'il excède le montant de quinze cents Mark.

L'engagement est présumé être d'une durée longue s'il est pris pour une année au moins ou qu'un délai de trois mois au moins a été convenu pour donner congé.

8. DE LA CONTRAINTE.

§ 52.

Ce que nous venons d'exposer ne concerne que l'exécution en vertu d'un titre exécutoire. Mais très-souvent l'intérêt du créancier exige de lui assurer les effets de l'exécution par une mesure provisoire, même avant qu'il soit muni d'un tel titre.

A ce but la loi nouvelle a introduit la contrainte, qui est réelle ou personnelle. La contrainte réelle a pour objet les biens immeubles ou meubles du débiteur y compris les créances; elle a lieu lorsqu'il est à craindre que sans cette mesure l'exécution du jugement rendu ou à rendre ne soit éludée ou considérablement aggravée.

La contrainte personnelle consiste dans l'arrestation du débiteur et n'est admise que lorsque cette mesure est nécessaire pour assurer l'exécution sur les biens du débiteur dans le cas où elle serait compromise, donc notamment pour empêcher le débiteur à profiter de sa liberté pour éluder ou aggraver l'exécution. Est compétent pour ordonner la contrainte tant le tribunal cantonal dans le ressort duquel se trouve l'objet qui doit être soumise à la contrainte que le tribunal qui est saisi du fond de l'affaire.

Vu la rigueur de cette mesure le juge ne pourra l'ordonner que lorsque la réclamation du créancier paraît fondée et que le motif pour lequel cette mesure est requise est rendu vraisemblable ou du moins que le créancier donne des suretés qui seront déterminées d'après la libre appréciation du tribunal en prenant en considération le préjudice qui pourrait menacer la partie adverse. La décision sur la requête peut intervenire soit sans débat oral préalable soit après que le tribunal aura entendu le débiteur s'il le croit opportun. L'ordonnance de contrainte doit être exécutée avant l'expiration de deux semaines, ce délai passé elle ne pourra plus avoir lieu.

L'exécution de la contrainte sur les biens mobiliers aura lieu au moyen d'une saisie; elle crée un droit de gage avec les effets déterminés ci-dessus. Toute saisie jouit d'une préférence à chaque saisie qui n'a été pratiqée que postérieurement. Il est clair que pour ce motif beaucoup de demandes seront adressées aux tribunaux pour avoir des ordonnances de contrainte, puisque tous qui croiront leurs créances menacées tâcheront de s'assurer la préférence aux autres créanciers au moyen d'une telle ordonnance. D'autant plus il sera du plus strict devoir des tribunaux d'examiner avec un soin scrupuleux ces demandes.

Puisqu'il ne s'agit que d'une mesure conservatoire les objets saisis ne sont vendus ni aux enchères publiques ni de gré à gré. Cela ne peut se faire qu'après l'obtention d'un titre exécutoire. Afin que le débiteur ne soit pas gêné plus qu'il ne faut absolument dans la libre disposition quant à l'objet saisi la loi ordonne que s'il n'y a pas d'instance pendante sur le fond de l'affaire le tribunal fixera sur conclusions un délai dans lequel la demande doit être introduite, faute d'obéir à cette injonction, la main-levée de la contrainte sera prononcée.

L'exécution doit être suspendue et la main-levée de la contrainte qui aura été exécutée doit être prononcée si le débiteur consigne la somme d'argent qui doit être fixée dans l'ordonnance de contrainte.

4*

V. DE LA FAILLITE.

§ 53.

Si la totalité des biens ne suffit pas au payement de tous les créanciers il y a lieu à une procédure particulière qui a pour but la distribution de ces biens entre tous les créanciers. C'est la procédure de faillite. En réglant d'une manière uniforme cette matière les lois nouvelles ont fait droit surtout aux exigences du commerce.

D'après ces lois la procédure de faillite s'applique à toutes les personnes et non plus exclusivement aux commerçants comme suivant le code de commerce français. — La compétence pour cette procédure appartient exclusivement au tribunal cantonal à la juridiction duquel le débiteur est soumis à raison de son statut de juridiction générale.

1. DE L'OUVERTURE DE LA FAILLITE.

§ 54

L'ouverture de la faillite suppose l'insolvabilité du débiteur commun. Le tribunal décidera d'après sa libre conviction s'il y a insolvabilité; la loi la présume notamment lorsqu'il y a cessation des payements. Ce qu'il faut entendre par cessation des payements n'a pas été déterminé par la loi. Mais les motifs nous font apprendre qu'elle doit être générale, et qu'un seul cas de non-payement n'en pourrait pas être regardé comme une preuve s'il n'y a pas d'autres circonstances à l'appui. Il faut que d'après toutes les circonstances le tribunal gagne la conviction, que le débiteur se trouve dans l'impossibilité de remplir ses obligations, et c'est aux juges de décider, si dans un cas particulier une telle impossibilité existe en effet.

La faillite sera déclarée sur la demande soit du débiteur commun soit d'un des créanciers; mais elle ne le sera jamais d'office. Si c'est le débiteur qui la demande il est tenu de présenter en même temps un tableau de ses créanciers et de ses débiteurs ainsi qu'un aperçu de son actif et de son passif.

Si c'est un des créanciers qui la demande il doit rendre vraisemblable l'existence de sa créance et l'insolvabilité du débiteur. Dans ce cas le tribunal est obligé d'entendre le débiteur avant de prononcer l'ouverture de la faillite. La demande peut, même en cas d'insolvabilité du débiteur être rejetée si le tribunal est d'avis que l'actif de la masse n'est pas proportionné aux frais qu'occasionnerait la procédure.

Si la demande paraît fondée le tribunal prononce l'ouverture de la faillite, ordonne la saisie générale qui défend à toutes les personnes qui sont détenteurs d'objets appartenant à la masse ou qui sont débiteurs de la masse de ne rien délivrer ou payer au failli.

En même temps le tribunal nomme le syndic, fixe le jour pour la première assemblée des créanciers, détermine le délai pour la production et la vérification des créances.

Le dispositif de la décision qui prononce l'ouverture de la faillite sera publié.

Le failli peut interjeter dans le délai de quinze jours le recours immédiat qui devra être porté devant le tribunal régional. Cependant ce recours n'a pas d'effet suspensif; la procédure de faillite sera donc continuée sauf le droit du tribunal régional d'ordonner un sursis.

2. DE LA MASSE DE LA FAILLITE ET DE SON ADMINISTRATION.

§ 55.

La masse de la faillite comprend la totalité des biens du failli qui sont sa propriété au jour de l'ouverture de la procédure. Pour constater la masse le failli peut être contraint à prêter le serment de manifestation.

D'autre part ce ne sont que les biens qui appartiennent au débiteur lors du moment de l'ouverture de la faillite qui font partie de la masse. Les biens qui peuvent lui échoir plus tard, pendant la procédure, n'en font pas partie. Le failli ne perd pas non plus le droit de s'obliger de nouveau ou d'acquérir. Il est nullement, comme suivant le code de commerce français désaisi entièrement de l'administration de ses biens.

Le droit d'administration et de disposition quant aux biens faisant partie de la masse lors du jour de l'ouverture de la faillite est exercé par un gérant de a faillite — le syndic.

Celui-ci est nommé par le tribunal.

Pourront les créanciers dans leur première assemblée choisir un autre syndic sauf le droit du tribunal de refuser de le nommer. Lorsque la gestion embrasse divers genres d'affaires, plusieurs syndics pourront être nommés qui sont indépendants l'un de l'autre dans leur administration.

Le syndic est placé sous la surveillance du tribunal et rendra un compte final à l'assemblée des créanciers.

Celle-ci est libre de faire nommer par le tribunal un comité de créanciers dont les membres sont élus par l'assemblée; peuvent d'ailleurs être choisis soit des créanciers soit même d'autres personnes.

Ce comité prête son assistance au syndic et le surveille dans son administration. A ce but il pourra s'enquérir à toute époque de la marche des affaires, examiner les livres et écritures du syndic et vérifier l'état de la caisse. Il a le droit de se faire rendre compte par le syndic de la situation de l'affaire et de son administration, il est obligé de faire vérifier la caisse au moins une fois par mois par un des membres du comité.

Cette institution offre donc aux créanciers l'occasion de prendre part à l'administration de la masse et de contrôler la gestion des affaires.

Les assemblées des créanciers, dont la convocation doit être portée à la connaissance du public, auront lieu sous la direction du tribunal.

Les résolutions sont prises à la majorité absolue

des voix qui sera calculée d'après le montant des créances.

Quant au compte à rendre par le syndic à l'expiration de sa gestion il doit le déposer avec les pièces justificatives au greffe à la disposition des intéressés au plus tard trois jours avant le jour fixé pour la reddition du compte

3. DE LA PRODUCTION ET DE LA VÉRIFICATION DES CRÉANCES.

§ 56.

En prononçant l'ouverture de la faillite le tribunal fixe le délai pour la production des créances, qui sera de trois semaines à trois mois.

La production énonce le montant et la cause de la créance ainsi que le droit de préférence s'il y a lieu. Elle peut être faite par écrit au tribunal ou déclarée devant le greffier qui en dressera procès-verbal; les pièces justificatives sont à présenter en même temps. Les productions sont déposées au greffe où les parties intéressées pourront en prendre connaissance.

Le délai de production expiré chacune des créances produites sera discutée à l'égard de son montant et du droit de préférence qui s'y pourrait rattacher; cette vérification dont le jour est fixé lors de l'ouverture de la faillite aura lieu contradictoirement avec tous les créanciers et le failli. Ceux dont les créances sont restées contestées ont la faculté d'en poursuivre l'admission contre les contestants dans les formes de la procédure ordinaire.

4. DE LA RÉPARTITION.

§ 57.

La répartition sera faite par le syndic avec le concours du comité des créanciers s'il en a été institué. Ne feront pas partie de la répartition tous les objets qui n'appartiennent pas au failli.

La femme du failli ne peut revendiquer des objets acquis par elle pendant le mariage que lorsqu'elle prouve que ces objets n'ont pas été acquis des deniers du failli.

Pourront être de plus revendiquées par le vendeur les marchandises qui ont été expédiées d'une autre localité au failli et dont le prix n'a pas encore été payé en entier, à moins qu'elles ne soient passées dans la possession du failli avant l'ouverture de la faillite.

Seront payés en outre par droit de distraction les créanciers qui ont des privilèges sur certains objets appartenant au failli.

De ce nombre sont d'abord ceux auxquels un gage a été donné ; auront le même droit les personnes qui ont acquis un droit de gage par une saisie-exécution dans la procédure de contrainte ou par la voie d'exécution forcée. Celui donc qui aura fait pratiquer une saisie avant l'ouverture de la faillite n'est pas tenu d'attendre la répartition de la masse en tant que les objets saisis suffisent à son payement. Ce n'est que pour le cas qu'il y aurait insuffisance qu'il participera à la répartition comme tout autre créancier.

En outre encore d'autres créanciers jouissent du même droit que les personnes indiquées ci-dessus; nous en mentionnons seulement les propriétaires pour le loyer courant et pour celui de la dernière année qui précède l'ouverture de la faillite, ainsi que pour leurs autres créances provenant du bail, sur les objets qui garnissent l'immeuble.

Après avoir fait droit aux réclamations tendant à revendiquer certains objets ou à être payé par distraction et après déduction faite des frais de même que des dettes de la masse il sera procédé à la répartition qui doit avoir lieu aussitôt après la clôture de la vérification général à mesure qu'il y aura des deniers suffisants. — La répartition se fera pro rata des créances; mais la loi accorde des privilèges à certaines créances. De ce nombre sont notamment

a, les salaires des serviteurs du failli pour la dernière année qui a précédée la faillite;

b, les impôts échus dans le courant de cette même année;

c, les créances des médecins, chirurgiens, pharmaciens, sage-femmes et garde-malades pour les frais de cure et de garde pendant cette même année.

Un créancier qui serait également débiteur du failli peut invoquer la compensation en tant que sa créance n'est pas plus grande que sa dette, et il n'est pas tenu de payer entièrement sa dette à la masse en n'en retirant qu'une partie de sa créance.

La répartition terminée définitivement, le tribunal prononce la clôture de la procédure de faillite.

Les créanciers qui n'ont pas été payé ou seulement en partie peuvent faire valoir leurs droits contre le débiteur par la voie de la procédure ordinaire.

En produisant donc la créance dans la procédure de faillite le créancier ne perd nullement le droit de poursuivre encore plus tard le débiteur en tant qu'il n'a pas été payé sur la masse de la faillite.

5. DU CONCORDAT.

§ 58.

Puisque la procédure de la faillite sera toujours d'une certaine durée et qu'elle occasionne beaucoup de frais, le législateur a admis le concordat dans l'intérêt du failli et des créanciers.

Le concordat a pour effet principal que la majorité peut contraindre la minorité des créanciers à renoncer à une partie de leurs droits. Aussitôt après la vérification des créances le failli peut proposer un concordat. Il doit indiquer le mode de payement des créanciers et déclarer si et de quelle manière il le garantira. Le concordat ne peut avoir lieu si le failli est en fuite ou qu'il refuse à prêter le serment de manifestation ou qu'il est poursuivi ou condamné pour crime de banqueroute frauduleuse.

Le concordat n'a pas d'effet pour les créanciers qui jouissent d'un droit de préférence.

Le concordat ne peut s'établir que par le concours d'un nombre des créanciers formant la majorité de ceux qui sont présents au jour fixé et représentant en outre les trois quarts de la totalité des créances. Le concordat est sujet à l'homologation du tribunal. Le concordat homologué par un jugement qui a acquis l'autorité de la chose jugée sera exécutoire par la voie de l'exécution forcée en faveur des créanciers de la masse contre le failli de même que contre les personnes qui aux termes du concordat se sont engagées à l'exécution de ses conditions conjointement avec le failli, sans qu'il soit nécessaire d'introduire une demande ou de provoquer une condamnation.

En tant que le concordat n'accorde pas de payement, les créanciers perdent définitivement leurs droits.

En vente à la Librairie GEORG LANG, à Metz.

CARTE SPÉCIALE
D'ALSACE-LORRAINE

Dressée d'après les sources officelles
par
J.-L. ALGERMISSEN.

Echelle 1 : 200 000, format grand-univers (1 mètre 30 sur 1 mètre)

„La librairie Georges Lang, rue Serpenoise, vient de publier une nouvelle CARTE SPÉCIALE DE L'ALSACE-LORRAINE, dressée d'après les sources officielles par M. Algermissen et lithographiée à Berlin dans l'établissement où ont été exécutées les cartes de l'histoire de la guerre franco-allemande. Cette carte, à l'échelle de 1: 200,000, se compose de deux feuilles du plus grand format, mesurant ensemble 1.30 m. de haut et 1 m. de large. Grâce à ces dimensions, on y trouve, outre les villes, villages et hameaux, le plus grand nombre possible des localités isolées, telle que fermes, moulins, églises, ruines, les noms et les chiffres d'altitude des principales cimes de montagnes etc. Les chefs-lieux des départements, arrondissements et cantons sont indiqués en caractères de grandeur différente; les stations de chemin de fer sont, en outre, soulignés. Les frontières et limites, les rivières, canaux, lacs et ruisseaux, les voies ferrées, routes et chemins sont tracés en lignes proportionnées à leur importance respective. La carte est imprimée en quatre couleurs: en noir pour les indications topographiques, en rouge pour les divisions politiques en bleu pour les cours d'eaux et en brun pour les montagnes. Cette diversité de teintes permet de saisir d'un coup d'oeil l'ensemble de la configuration orohydrographique du pays. L'étude en est d'ailleurs facilitée par une courte légende donnant, dans les deux langues, l'explication des signes et abréviations, ainsi que par un tableau statistique offrant un aperçu, par départements, arrondissement et cantons, de la superficie du sol et du chiffre de la population en 1876. Cette nouvelle carte de l'Alsace-Lorraine, dont le prix, en feuilles, est de 6 mark et, sur toile avec rouleaux ou en étui, de 10. m. 50, a sa place indiquée dans tous les bureaux et comptoirs, salle d'écoles et d'établissements publics.“
Gazette de la Lorraine, No. du 27 juillet 1878.

Carte générale d'Alsace-Lorraine,
Reproduction de la précédente à l'échelle de 1 : 400 000.
M. 2.—, sur toile en étui M. 3.60.

En vente à la Librairie GEORG LANG, à Metz.

Carte de la Lorraine.

Dressée d'après les sources officielles
par H. ROTHENBERGER.
Publiée par ordre supérieure. 3me édition 1878
Echelle de 1 : 200 000. Prix M. 2.—

Carte géologique

DE L'ANCIEN DÉPARTEMENT DE LA MOSELLE.

Dressée par STEFF, les divisions géolog. par PAULIN.
Echelle de 1 : 320,000. Prix M. 3.—

Carte topographique

du KREIS METZ.

Dressée par J.-L. ALGERMISSEN.
2 feuilles. Echelle de 1 : 50 000. Terrain en courbes de niveau.
Prix: en feuilles M. 3.—, collée sur toile avec étui M. 5.—

Hédin, Plan des batailles sous Metz. 1 : 50 000 M. 2.—

Opérations militaires autour de Metz en
1870. Description du plan des batailles M.—.80

Plan du blocus de Metz. 1 : 50 000 . . M. 1.60

Carte des tombes et monuments funèbres
élevés sur les champs des batailles autour de Metz. 1 : 50 000 . . . . M. 1.60

Steff, Les environs de Metz. 1 : 80 000 . . M. 1.60

Algermissen, Les environs de Thionville.
1 : 100 000 . . . . M.—.40

En vente à la librairie GEORG LANG, à Metz.

Annuaire de la Lorraine.

Par GEORG LANG.

Organisation et personnel de toutes les administrations. — Adresses du commerce et de l'industrie. — Renseignements divers.

Paraît tous les deux ans.

Ire année 1874. — IIme année 1876. — IIIme année 1878.
IVme année 1880.

Annuaire de Metz.

Ire Année 1879.

Dressé d'après le recensement municipal.

Ordre alphabétique. — Ordre local. — Ordre professionel. — Renseignements divers.

Un fort beau volume, cartonné. Prix M. 6.

Les Communes de la Lorraine.

Population, Canton, Maire, Bureaux de poste et de perception.

1878. Prix: 60 Pfennig.

La Lorraine et son agriculture.

Par Fr.-W. TOUSSAINT.

Traduit de l'allemand par M.-H. BERNARD.

1876. M. 2.40.

En vente à la librairie GEORG LANG, à Metz.

Nouveau Guide

pour apprendre le plus vite possible la conversation allemande.

Chaque mot allemand est accompagnée de la prononciation figurée.

96 pages.   Prix 60 Pfennig.

Le Vétérinaire de la Ferme.

2 beaux volumes de 1281 pages avec 470 gravures.
Prix M. 12.–

Tables de réduction du Franc en Mark, en Thaler et en Gulden.   Par L. de Lunen.   103 pages in-folio . . . . M. 2.40

Barème universel contenant les tables de réduction des huit monnaies les plus importantes. 46 pages in-folio . . . . M. 1.60

Petit barème (Francs, Marks, Thalers, Guldens et Livres sterlings) . . . . M. —.40

Nouveau Tarif douanier du Zollverein (Sous presse)

En vente à la Librairie GEORG LANG, à Metz.

CARTE SPÉCIALE
D'ALSACE-LORRAINE

Dressée d'après les sources officielles
par
J.-L. ALGERMISSEN.

Echelle 1 : 200 000, format grand-univers (1 mètre 30 sur 1 mètre)

„La librairie Georges Lang, rue Serpenoise, vient de publier une nouvelle CARTE SPÉCIALE DE L'ALSACE-LORRAINE, dressée d'après les sources officielles par M. Algermissen et lithographiée à Berlin dans l'établissement où ont été exécutées les cartes de l'histoire de la guerre franco-allemande. Cette carte, à l'échelle de 1 : 200,000, se compose de deux feuilles du plus grand format, mesurant ensemble 1.30 m. de haut et 1 m. de large. Grâce à ces dimensions, on y trouve, outre les villes, villages et hameaux, le plus grand nombre possible des localités isolées, telle que fermes, moulins, églises, ruines, les noms et les chiffres d'altitude des principales cimes de montagnes etc. Les chefs-lieux des départements, arrondissements et cantons sont indiqués en caractères de grandeur différente : les stations de chemin de fer sont, en outre, soulignés. Les frontières et limites, les rivières, canaux, lacs et ruisseaux, les voies ferrées, routes et chemins sont tracés en lignes proportionnées à leur importance respective. La carte est imprimée en quatre couleurs : en noir pour les indications topographiques, en rouge pour les divisions politiques, en bleu pour les cours d'eaux et en brun pour les montagnes. Cette diversité de teintes permet de saisir d'un coup d'œil l'ensemble de la configuration oro-hydrographique du pays. L'étude en est d'ailleurs facilitée par une courte légende donnant, dans les deux langues, l'explication des signes et abréviations, ainsi que par un tableau statistique offrant un aperçu, par départements, arrondissements et cantons, de la superficie du sol et du chiffre de la population en 1875. Cette nouvelle carte de l'Alsace-Lorraine, dont le prix en feuilles, est de 6 mark et, sur toile avec rouleaux ou en étui, de 10 m. 50, a sa place indiquée dans tous les bureaux et comptoirs, salle d'écoles et d'établissements publics.“
Gazette de la Lorraine, No. du 27 juillet 1878.

Carte générale d'Alsace-Lorraine.

Reproduction de la précédente à l'échelle de 1 : 400 000.
M. 2.—, sur toile en étui M 3.60.

Metz, Impr. Lang Frères.

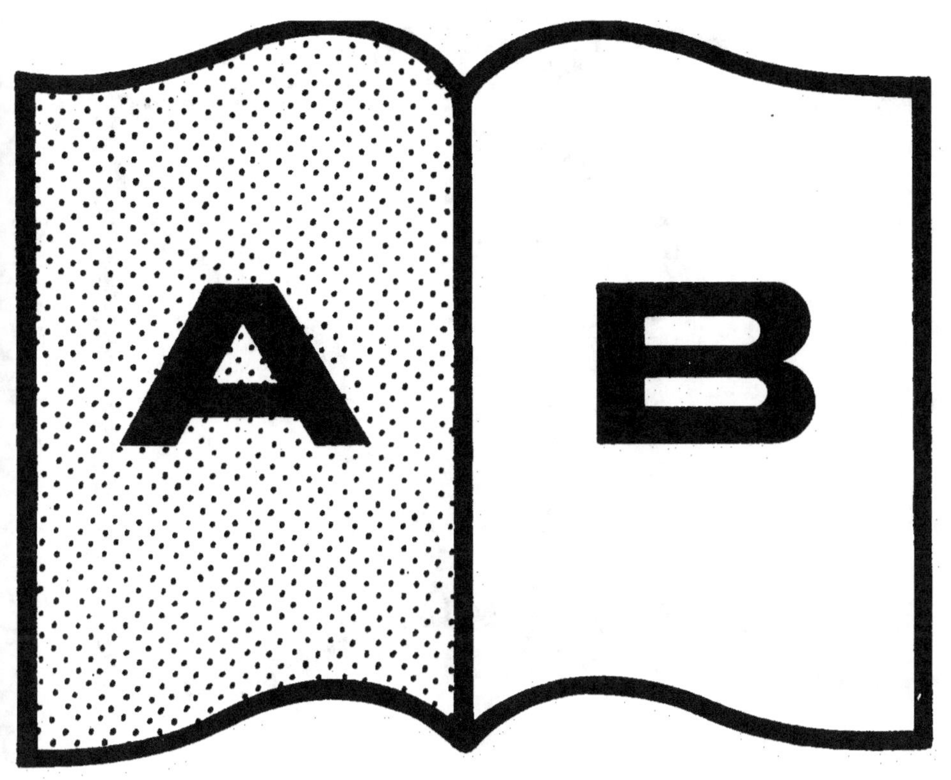

Contraste insuffisant

NF Z 43-120-14

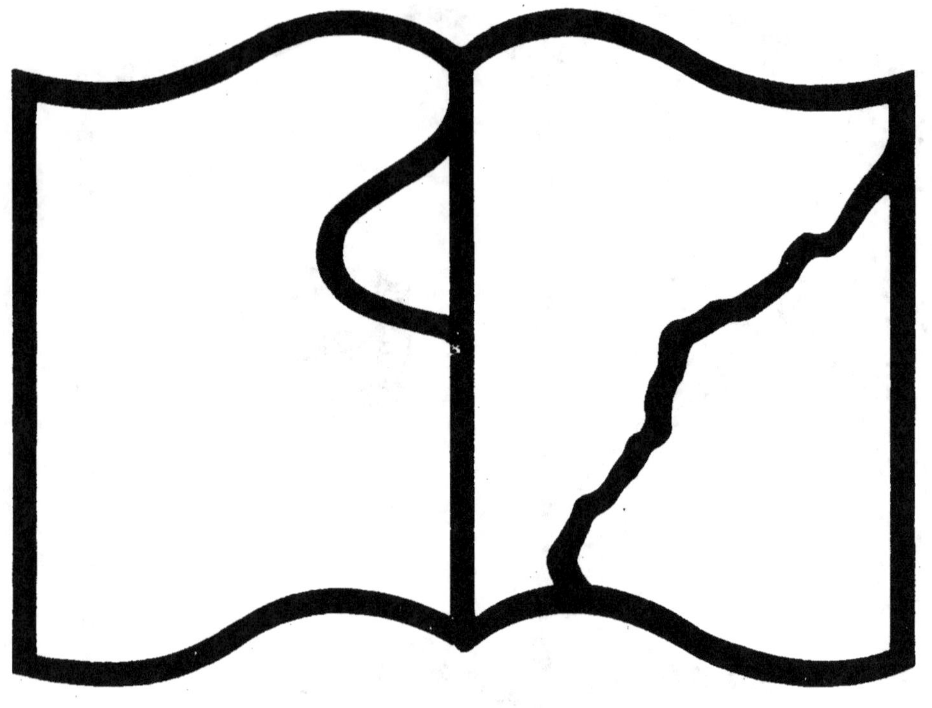

Texte détérioré — reliure défectueuse

NF Z 43-120-11

www.ingramcontent.com/pod-product-compliance
Lightning Source LLC
LaVergne TN
LVHW010406060726
842526LV00005B/1528